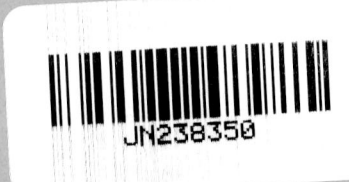

愛されダイエット 5か条

1. お金をかけない
2. 時間をかけない
3. ムリしない
4. ガマンしない
5. 自分を愛する

Yoko
Yoko Kumada lost 3kg
in 10days. This book is
about the method of
her original diet and
how to be in a perfect body
shape for the day you most
want toattract
your loved one.

Kumada
10日で−3kg 愛されダイエット

「痩せたい」あなたへ

この本を手に取ってくださって、ありがとうございます。あなたもきっと、私と同じように、キレイになることを志している方だと思います。それは、ただ単に「体重を落とす」ということではないですよね。そこには、健康的に美しくなって、それを維持したいという願いが含まれていると思います。そんなあなたにこの本を見ていただけることを、すごく光栄に思います。

私が考えるダイエットというのは、当然、そうです。体重を落とすためにイライラしたり、ムリしたり、あげく健康も失ってしまうなどというのは違うと思います。

私がダイエットを始めたきっかけは、お仕事で写真を撮られるようになって、「痩せなくちゃ！」と思ったことからでした。グラビアをやっている以上、肌がカサカサになったり、胸まで痩せてしまいたくはありません。いろんなことを試しました。一時的に痩せることはあっても、リバウンドしたり、欲張りな私には続かないことばかりでした。

そんな経験を経てたどりついたのが、「愛されダイエット」です。普段の生活の中で、お金をかけたり、ツラいガマンをしたりすることなく、美しく健康的に痩せる方法です。

体質や性格はひとりひとり違います。なので、万人に向くダイエット法というのは存在しないと思っています。実際、10日間で−3kgに挑戦したダイエット記録を見てもらえれば、どれだけ、他でよく聞くダイエットのセオリーからかけ離れているかがわかると思います。

でも逆に、私もあなたと同じように、美しくなりたいと願いながらも、ままならない生活のなかで日々を生きる女性のひとりです。そんなひとりの女性として、美しく痩せる方法の、根本は共有できると思っています。

ダイエットは日常のものです。ダイエットに生活を合わせるのではなく、あなた自身の生活にダイエットを合わせるのが大事です。私のやり方をとおして、その方法が見つかるはずです。それがあなただけの「愛されダイエット」なのですから。

あなたの「ダイエット」への意識がきっと変わるはずです。

熊田曜子

Contents

愛されbody公開

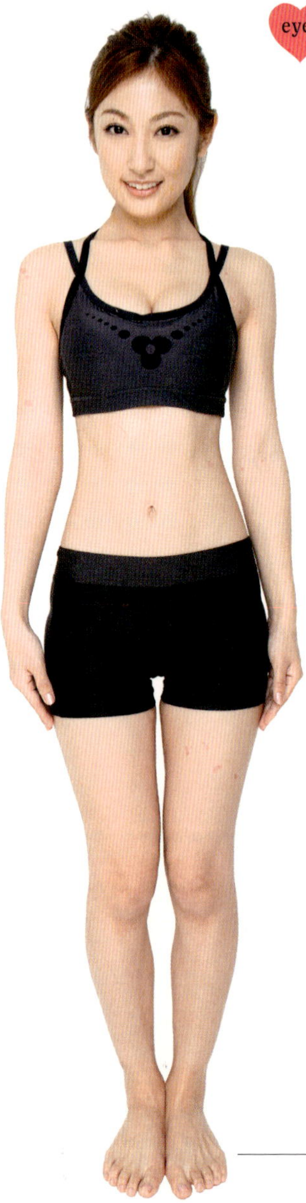

身長166cm

eyes 目

大きな目はチャームポイント。色素が薄いみたいで、まぶしいのはちょっと苦手

collar bone 鎖骨

「鎖骨がキレイ」と友達に言われたことをきっかけに、お手入れにも気合いが入るようになりました

waist ウエスト

56cm。クビレも大事なチャームポイント。いつも意識して脇腹を引きあげてます

personal data

1982年5月13日生まれ
岐阜県出身　O型
趣味：カラオケ
特技：ピアノ、簿記、
ブラインドタッチ、一輪車
好きな食べ物：チョコレート
苦手な食べ物：辛すぎるもの

Front

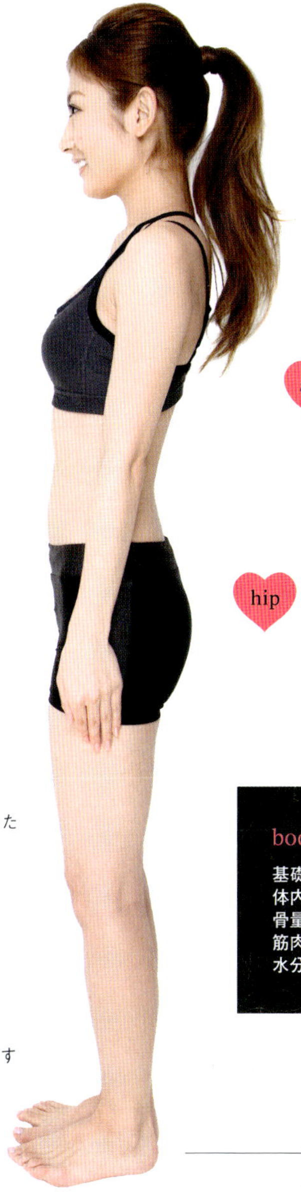

face **顔**

痩せすぎると頬がコケて、老けてみえちゃうのが悩み

bust **バスト**

92cm。Fカップです。中学の頃から大きくなーれと念じてました

hand **手**

仕事上、ネイルはほとんどしません

leg **脚**

スポーツをやっていたので筋肉質です

foot **足**

24.5cm。
歩幅は広く、早足です

Character **性格**

しっかりものだけど、さみしがり屋

arm **腕**

腕も筋肉質。毎日重いバッグを持っているので、さらにきたえられてるかも

hip **ヒップ**

84cm。反り気味なのは職業病!?

body data

基礎代謝量：1171kcal
体内年齢：17歳
骨量：2.3kg
筋肉量：37.6kg
水分量：57.4%

Side

愛されbodyの素

睡眠 sleep

睡眠はたっぷりとります。理想は10時間！ でもそうもいかない日のほうが多いですね。夜は、早いときには10時くらい、遅くても12時には寝ちゃいます。美容のため……というよりは、眠くなっちゃうんですよね（笑）。

仕事 work

グラビアのお仕事のときは、朝早くから陽が落ちるまで撮影します。海外で何泊もしながら連日撮影することもあります。テレビのお仕事で地方に行くこともよくあるので、移動の多い仕事ですね。体使ってます。その日によって時間も、行く場所も、やることも違うので、ホント、不規則です。

食事 meal

たくさん食べることがわかってたらその前に控える、いっぱい食べちゃったらその後に減らす、というようなことを、大体３日間くらいの幅で調整しながら食べます。特別に記録しておかなくても、それくらいなら覚えてもおけるし（笑）。大好きな甘いものをふくめ、口に入れたものは、あめ１コでもカウントします。

お風呂 bath

夜に入りますが、本当に早いです。5分くらい湯船につかって、あとは洗うだけってパターンがほとんど。でもお風呂上がりの鏡の前でのボディチェックはじっくり時間をかけてます。

マッサージ massage

これをやらないと気持ち悪くて眠れないってくらい、習慣になってます。顔、腕、胸、ウエスト、脚を、寝る前に１～２時間、朝起きて30分くらいやります。そのほかにも、パソコンを見ながらマウスを持ってないほうの手で顔をほぐしたり、ヒマさえあればやってます。

オフ off time

とにかくちょっとでも時間があれば岐阜の実家に帰ります。素の自分に戻ることができる気がしますね。お母さんのお漬け物を食べられるのもうれしいし♡ たっぷり充電します。

10日で−3kg
愛されダイエット

食事diary

10日間で3キロ痩せるダイエットに挑戦！
その間食べたものの写真とともに、すべてを見せちゃいます。
カンタン、ムリしない、ガマンしない
「愛されダイエット」をリアルに記録しました。
ダイエットのときのお助け食や、カロリー控えめの調理法も
紹介してるので、参考にしてね。最後には、
10日間ダイエット後の体の変化も発表します!!

the 1st day

1日目

ダイエット初日はグラビア撮影の日
自然に体にも気合いが入ります

am 7:30

からあげ　2コ
ポッキー　5本
あめ　5コ

撮影は体を使うので、大好きなからあげとポッキーをつまんでエネルギーに。のどが痛くてあめをなめてました。

pm 2:00

かけそば
おにぎり　1コ

撮影終了後の遅い昼食。そばは低カロリーだし好きな食べ物のひとつ。家に常備しています。マイ箸でいただきます。

dietのミカタ♡

甘味がほしいときに

つけてみそ かけてみそ

ナカモ株式会社
¥315

名古屋発、甘味たっぷりのみそだれドレッシング。生麩のほかにも、豆腐、おでん、和え物など、なんでも使えます。甘いものが欲しくなったときに野菜やこんにゃくにかけて食べれば、低カロリーでケーキなみの満足感。

お通じに効きます

もずく酢

スーパーなどで売っているパックのものを、開けてそのままいただきます。ちょっと小腹が空いたときのおやつにぴったり。もずくはお腹の中で何十倍にも膨れ上がるので満腹感もあるし、お通じにもいいんですよ。

pm 8:00
かしわ鍋
生麩田楽

how to cook

1 水、市販の粉末だし、しょうゆ、みりんを火にかける
2 はくさい、にんじん、しいたけ、えのきだけ、かしわ(とり肉)を入れる
3 煮立ったらOK。このままでおいしくいただけます

野菜多めがポイント。
野菜10：肉1くらいの割合で。

how to cook

1 市販の生麩を、油を引かずにフライパンで焼く。両面こんがり焼くと外はパリっと、中はふんわり
2 地元岐阜で手に入るお気に入りの“つけてみそかけてみそ”でいただきます

調味料は上にかけるのではなく
食材のほうをつけて食べれば、
余分なカロリー摂取を防げます。

コクで満腹感

とんこつ鍋

市販のとんこつ鍋の素で煮込むだけですが、お肉は入れずに野菜たっぷりにして、豆腐でタンパク質と大豆イソフラボンをとります。コクがあるので舌が刺激されて、少量で満足感が得られます。

前日から

−0.7kg

グラビア撮影ではポーズをとるときに体を使うので、ストレッチ効果があったのかも。体脂肪は−1.3％。

the 2nd day

2日目

お仕事がお休みなので、実家へ
心身ともにしっかり休めます

am 10:00
みかん　5コ

風邪気味なので、ビタミンCをたっぷり補給。フルーツは糖分も結構あるし、体を冷やすので、朝食べると◎。

how to **cook**

1. にんじん、たまねぎ、じゃがいもなど、家にストックしてある野菜を、少量の油でいためる
2. 水を入れて、野菜がやわらかくなるまで煮る。途中で、だし代わりに鶏肉をひとかけら入れる
3. 一度火をとめて、クリームシチューのルーを入れる。弱火にして、とろみが出るまで混ぜる

pm 2:00
クリームシチュー
ごはん　1/2杯

簡単だし、体も温まるし、家にある野菜でつくれるので、クリームシチューはよくつくります。とろみがあるほうが好き。

dietのミカタ♡

小腹がすいたら

するめ

カロリー控えめのお助け食。かめばかむほど味が出るので長く噛んでいられるし、あごを動かすので満足感が得られます。コンビニでも手に入るので、夜食にお菓子を食べる代わりにするといいですね。ひとつまみごと、お皿にとって食べましょう。

野菜たっぷり

酢豚

野菜もたっぷりとれるので、酢豚も大好きなメニューのひとつ。甘い味付けも満足感たっぷり。家にある野菜をなんでもいれちゃいます。そのときもお肉は控えめで。写真はお母さんがつくってくれたものなので、お肉たっぷり入ってますが（笑）。

pm 6:00
抹茶フラペチーノ

ハマってます。疲れているときのエネルギー源♡　カロリーが高いので、その分、ほかのものは控えます。

pm 10:00
コラーゲンゼリー　1本
梅干し

なかなか寝つけなくて、間食しちゃいました。小腹がすいたときは梅干しがオススメ。コラーゲンゼリーは肌にいいけど、1本で8kcalあるのでとり過ぎないようにしてます。

空腹感を軽く

汁もの

すごくお腹がすいたときは、汁ものをとると落ちつきます。胃を温めるのも代謝にいいんですよ。スープでもみそ汁でも、お湯をそそぐだけのものでOK。いろんな種類があるけど、パスタなどの炭水化物が入ってるものはカロリーに注意して。

前日から

−1.9kg

睡眠時間が少なかったからか、グンと減りました。でも体脂肪は＋1.6％。風邪薬のせいか、体脂肪はあがってしまった。

3日目

the 3rd day

テレビ番組収録のため、
岐阜→大阪→福岡と移動です

am 9:00

お鍋
漬け物
オレンジ
りんご
柿
ごはん 1/2杯

お鍋は、豆腐と白菜に、しめじ、えのきなどのキノコ類をたっぷり。いろんな食材が入ってるので、だしは薄めでOK。お肉は食べてません。漬け物は、自家製の浅漬け。オレンジ、りんご、柿とフルーツをたくさん食べました。

pm 1:30
からあげ弁当

テレビ局のお弁当。からあげ大好きなので全部食べますが、ごはんは半分にします。

pm 6:00
抹茶フラペチーノ

またまた抹茶フラペチーノ（笑）。明日のロケでたくさん食べると予想して、夕食はこれだけ。

am 0:00
ハーブティー

移動の疲れをとるために寝る前にお茶を。ローズヒップよりもさらに香りが強いので、満足感◎。

前日から

+0.2kg

今日は飛行機で座ってる時間が長くて、カロリーが消費できなったのが数字に出ちゃいましたね～。

4日目

the 4th day

福岡で、バラエティ番組のロケ
今日はおいしいものをいっぱい食べるぞ

am 9:30

鮭の塩焼き　じゃこ
十六雑穀ごはん　豚汁
ほうれん草のおひたし　卵焼き

朝ごはんはヘルシーメニューで。雑穀ごはんは体にもいいですよね。ほうれん草のおひたしは、おしょうゆをかけるのではなく、食べる分だけおしょうゆにつけていただきます。

お仕事中の昼食です。あんかけ焼きそばは海鮮類が栄養満点。ただボリュームがあるので、麺は半分にしました。あとはサラダと、のどの調子がよくなかったため、のどあめを。

pm 1:00

あんかけ焼きそば
サラダ
あめ 5コ

pm 6:00

にんにくステーキ
かぼちゃスープ
エビ
赤ワイン

ロケ先でいただきました。どれもとてもおいしかった～。嫌いなものがほとんどないのでどこに行ってもOK。逆に、お仕事でいろんなものが食べられるなんてラッキーですよね。

pm 8:30

ぎょうざ鍋＋ちゃんぽん麺
まるちょう（ホルモン）
手羽ぎょうざ
豆腐
芋焼酎

スタッフさんとのお食事。こういう場では「ダイエットしてて……」とは言わず、食事を楽しみます。なんですが、食べ過ぎて気持ち悪くなり、夜中に胃薬を飲みました（笑）。

普段はあまりお酒は飲まないのですが、1杯だけいただきました。おいしかった～♡

前日から

＋0.8kg

さすがに今日は増えてしまいました。明日は少なくしようっと……。

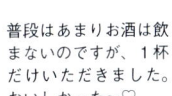

5日目

the 5th day

本日は福岡から移動して
名古屋でお仕事です

pm 1:00

バームクーヘン
コラーゲンゼリー 3本
ウエハース

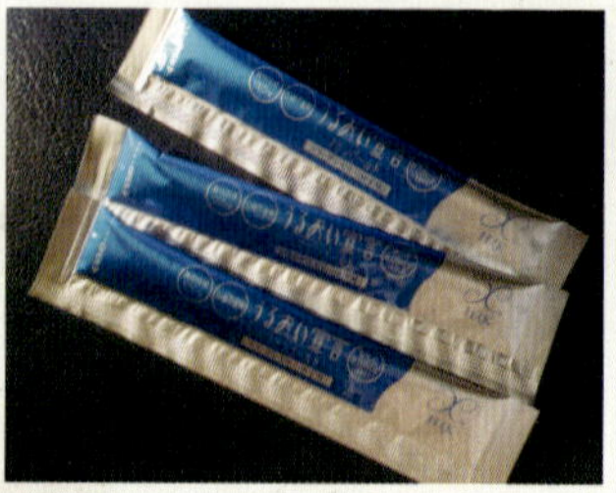

昨日のことがあるので、本日最初の食事は軽めです。コラーゲンゼリーは柑橘系で甘味控えめなので、ほかはお菓子系を。甘いものはガマンせず食べます。

pm 3:30

お弁当

テレビ局のお弁当。遅めの時間になったので、夜のことも考えて全部半分くらいしか食べませんでした。エビフライなどのお弁当のあげ物は、衣をとって食べます。

pm 8:00

もつ鍋＋ぞうすい
軟骨のからあげ
ぎょうざ
梅くらげ
じゃがいもきんぴら
杏仁豆腐

夜、名古屋で食事。鍋のシメのぞうすいだけお茶碗に軽く1杯程度にしましたが、ほかは普通の量を食べました。食後のデザートの杏仁豆腐で、気持ちも満足。

前日から

＋0.1kg

夕食を結構食べたので、増えてしまいました。ぐっすり寝ることにします……。

the 8th day

6日目

名古屋で生放送のあと、夕方東京へ
移動続きでちょっと疲れも

am 9:00
コラーゲンゼリー 3本

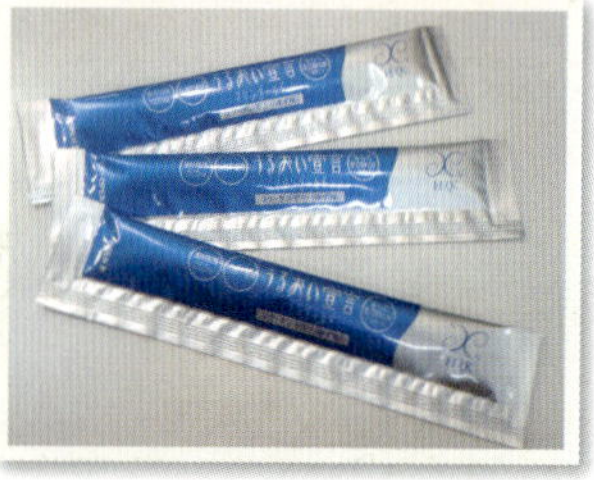

定番のコラーゲンゼリー。1度に3本とるのが規定量なんですが、私はほかのものとのバランスで調整しています。今日の朝食はこれだけなので3本にしました。

pm 1:00
おにぎり 1コ
卵焼き
ウインナー

前の晩は実家に泊まったので、お昼ごはんは持参しました。2つあるうちのひとつ、炊き込みごはんのおにぎりだけ食べました。おかずは卵焼きとウインナーで。

dietのミカタ♡

女性に必須の栄養素がいっぱい

豆乳

腹持ちもいいし、味も好きで、よく飲んでます。栄養も豊富で、神経を落ちつかせてくれるビタミンB、血行促進やホルモンの分泌をよくするビタミンEがとれるんですよ。特に女性には強い味方ですよね。

消化がいいおにぎりの具

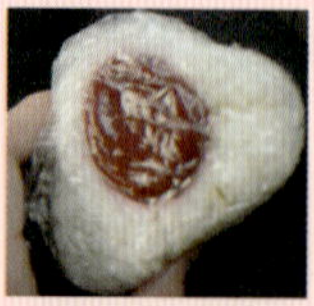

梅干しのおにぎり

梅干しはそのまま食べてももちろんOKなんですが、逆に食が進んじゃう人は、おにぎりの具にしてみては。胃の中がすっきりして、消化もいい気がします。子供の頃から、胃がムカつくときは梅干しを食べてましたね。

pm 7:00
ぶりの照り焼き
小松菜のおひたし
みそ汁
ごはん

how to **cook**

1. しょうゆ、みりん、さとう、だしを袋に入れて、その中にぶりの切り身をしばらくひたしておく。ときどきひっくり返す
2. 魚焼き器で両面こんがり焼く

帰宅して、ひさびさの自炊。ぶりの照り焼きは、味が濃いとごはんが進んじゃうので、最初に調味料にひたしておくだけ。しょうゆも少なめにしてだしで味つけするようにしています。小松菜は、ビタミンAや鉄分、カルシウムと、特に女性が必要な栄養分がたっぷりなんですよ。豆腐とわかめのみそ汁で、さらに栄養分アップ。理想的な和食です。

疲れたときにパワーをつける

にんにく炒め

にんにくは、疲れによく効きますよね。私も疲れたな、と思ったときはよく食べます。野菜と炒めてもおいしいけど、私はずばりそのまま、にんにくだけ炒めて食べることが多いですね。ニオイには要注意ですが（笑）。

前日から

±0.0kg

昨日と変わらず。少しずつ減っていくほうには向かってます。体脂肪は2.1％減！

the 7th day

7日目

夕方からラジオの生放送
午前中は家でゆっくりしました

pm 2:00

おにぎり
納豆
みそ汁
ごはん

午後の仕事に合わせて、胃のスイッチを入れるのも遅め。昨日2つあったおにぎりの残り、しゃけわかめのおにぎりとみそ汁。それに、大好きな納豆にあわせてごはんも食べました。

pm 4:00

ホットミルク

前の食事からあまり時間がたってないので、お買い物の間にカフェでホットミルクを飲みました。ホットミルクはお腹も精神も落ちつく効果があるので、よく飲みますね。

pm 7:30

パスタ
リゾット
ゴルゴンゾーラのピザ
エビマヨ
シーザーサラダ
ホットティー

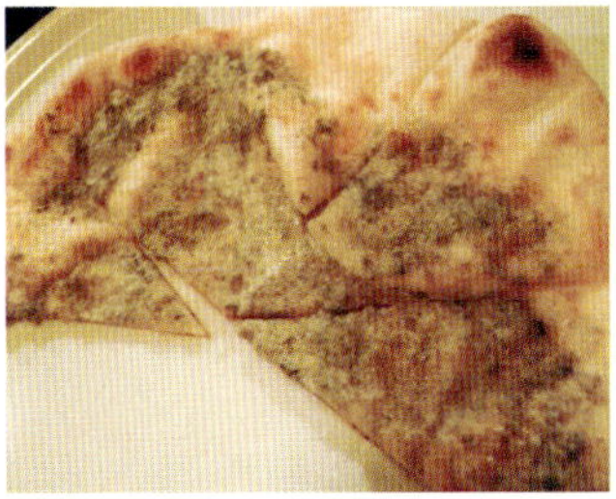

お友達と食事に。イタリアンはカロリー高めだけど、こういうときはガマンせずに食べます。おしゃべりとともに食も進むけど、楽しいもんね。ティーは何も入れず、ストレートで。

前日から

±0.0kg

とりあえず現状維持です。私の場合あせると逆効果なので、よしとしよう。

8日目

the 8th day

ダイエット残り3日だけど
今日は名古屋でグルメロケ

★

pm 12:00

コラーゲンゼリー 1本
クッキー　1枚
ホットミルク

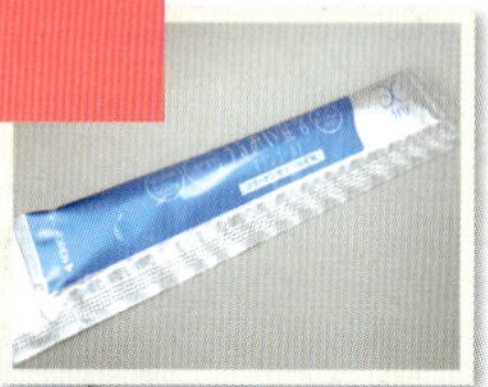

今日は仕事で夕方にガッツリ食べるのがわかっているので、それまではなるべく食べないようにします。いつものコラーゲンゼリーとお気に入りのホットミルクに甘味はクッキーで。

pm 3:00

なごやん
（おまんじゅう）1コ

なるべく食べないように……と思いながらも、いただきものの「なごやん」をひとつ食べました。甘いものはガマンできない私の性格がよくわかっていただけると思います（笑）。

dietのミカタ♡

ひとつあると便利

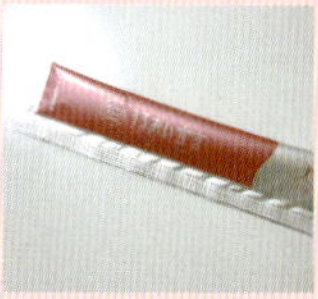

美容食

コラーゲンがとれるゼリーは、お肌のためにももちろんいいけど、食事がとれないときの栄養補給にもいいんです。いろんな種類のものがあるので、自分に合ったものをひとつ定番として持っておくと便利かも。お世話になってます。

ホッとします

ホットミルク

こちらもたびたび出てくるホットミルク。1杯で空腹感がかなりなくなります。でもそれをいいことに、夜小腹がすいたときに飲んでたら太ってしまったことがあって、それ以来、なるべく日中早めに飲むようにしてます。

pm 5:00
お寿司　約10貫

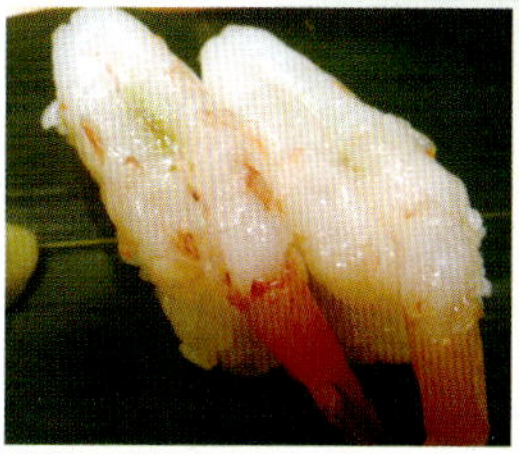

今日のグルメロケはお寿司屋さん。好きなものを頼めたので、甘エビ、まぐろ、カニなど、全部で10貫ほど食べました。ごはんだけ残すわけにもいかないので、全部食べました。

効能いっぱい

しょうが

お寿司の「ガリ」もそうですが、しょうがって体にいいことだらけなんです。消化をよくしてくれたり、解毒効果もあるんですって。女性にとっては体を温めてくれるのがいいですよね。私はしょうがのあめがお気に入りです。

前日から

−0.4kg

事前に少なめにしておいたせいか、グルメロケでも体重減。仕事の緊張感の勝利!?　でも体脂肪は＋0.1%。

9日目

the 9th day

またまたお仕事で移動
日帰りで宮崎へ

pm 12:00
お弁当

テレビ局でいただいたお弁当。野菜、お魚、お肉、フルーツまで、いろいろ入った洋食弁当です。全体の1/3ほど食べました。お肉は一口だけにしました。

dietのミカタ♡

甘いものがほしいとき

和菓子

甘いものがたべたい！ってときは和菓子がオススメ。和菓子は脂質が少ないので、ケーキやクッキーなどの洋菓子よりも、カロリーが低めなんです。大福系より、蒸しまんじゅうやたいやきのほうが低カロリーです。

最強の万能ドリンク

黒 酢

疲労回復などにも効く黒酢ですが、ここに入ってるアミノ酸の成分は、筋肉の中でも代謝されるので、足のむくみなどにも効くんですよ。お通じをよくしてくれる乳酸菌も入ってるし、これひとつで何役もこなしてくれます。

pm 2:30
おまんじゅう
あめ　2コ

差し入れでいただいたおまんじゅうと、のどあめ。いただいたものはなるべく食べるようにしています。その分、ほかのものは控えました。

pm 7:00
たいやき
和菓子

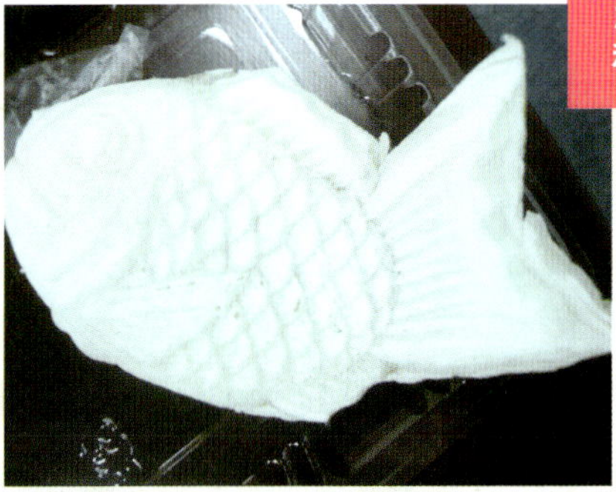

宮崎県の銘菓、ちーず饅頭と、たいやきも差し入れで。その土地ごとに名産物を食べられるのは、このお仕事の醍醐味でもありますね。甘党の私には特にですが(笑)。

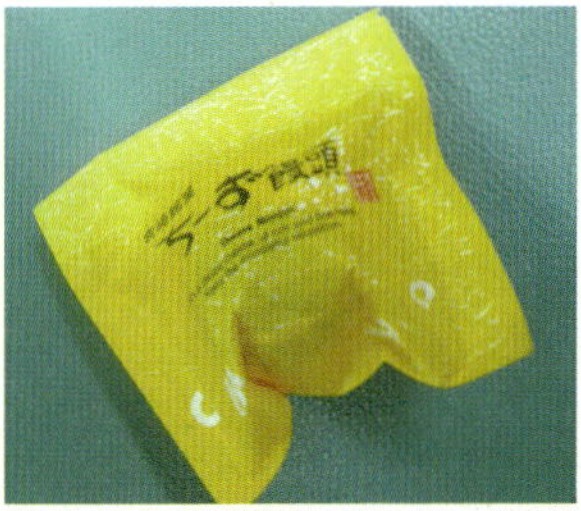

前日から

−0.6kg

甘いものをたくさん食べた代わりに炭水化物を控えた成果がでたみたい。体脂肪のほうも1%ダウン。

10日目

the 10th day

ついにダイエット最終日
結果は気になるけどムリはしません

pm 2:30

そば
みかん 4コ
コラーゲンゼリー

自宅でごはん。今日はめっちゃヘルシーなものにしようと思って、おそばをつくりました。低カロリーな上に栄養もあって、ダイエット時に最適。つけだれは、ネギをたっぷりと。

pm 6:00

りんご 1コ

時間帯がずれてしまったので、空腹感をおさえるのにりんごを食べました。酸味で胃がスッキリするし、血行もよくしてくれます。繊維質も豊富なので、お通じにもいいです。

dietのミカタ♡

ヘルシー自炊メニュー1

豆腐ステーキ

簡単ヘルシーの定番メニューです。まずフライパンにバターとしょうゆを少し入れて、塩を少しふりながらもやしを炒めます。そのあと豆腐を両面焼くだけ。私の場合は、よりカロリーの低い絹ごし豆腐を使います。

ヘルシー自炊メニュー2

レタス しゃぶしゃぶ

薄めのだしにした鍋に、レタス、にんじん、豚肉、キノコ類、しらたきなどを入れるだけ。レタスは丸々1コ使います。しらたきもかなり入れます。逆にお肉は2切れくらいでも十分味が出ますよ。

pm 9:30

白米おかゆ
みかん　3コ

how to **cook**

1. 土鍋に水と白米を入れる
2. こげないようにまぜながら弱火にかける
3. 水分が減ったらお水を足して、を15分くらい繰り返す。最終的に、米1：水10の割合になるように

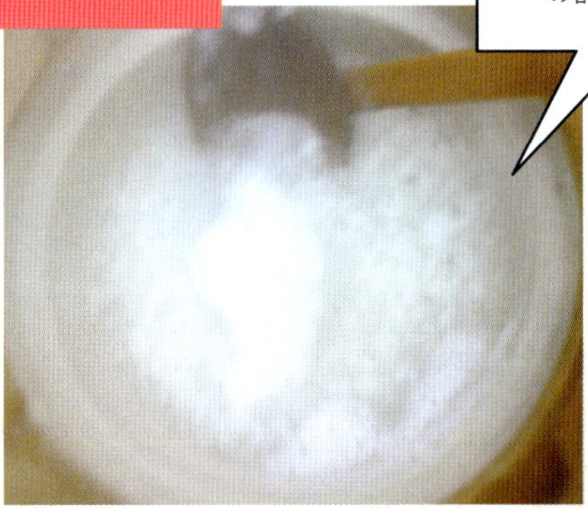

おかゆは、とにかく水分多めで、相当かさ増しします（笑）。そうすると、少量のお米で満腹感が得られるんですよ。病気のときだけじゃなく、ダイエットにもオススメです。

ヘルシー自炊メニュー3

お漬け物

きゅうりの浅漬けなど、お漬け物は自分で漬けて冷蔵庫にキープしておきます。野菜もたくさんとれるし、小腹が空いたときにも活躍してくれますよ。好きな野菜を市販のお漬け物の素で漬けておくだけでOK。

前日から

−0.5kg

今日のヘルシーメニューが効きました。体脂肪も0.2％減。さて、結果はどうでしょうか！？

結果発表

10days diet ♥ result

10日間の
ダイエット終了。
体重と体の変化を
発表します!!

before
diet

after
diet

体重 −3.0kg
体脂肪 −1.7%

clear

3kgでこんなにサイズが変わって、見た目にも表れるんです!!特に、太ももの落ち具合には驚きですよね。ほかのパーツも確実にサイズダウンしました。バストもちょっと減っちゃったけど、全体のバランスから考えると上出来。バストマッサージが効いてます。

サイズがこんなに変わった!

二の腕	右 −1.0cm 左 −0.8cm
バスト	トップ −0.1cm アンダー −1.4cm
ウエスト	−1.3cm
下腹	−2.5cm
ヒップ	−2.1cm
太もも	右 −2.4cm 左 −2.6cm
ひざ上	右 −0.5cm 左 −1.7cm
ふくらはぎ	右 −0.2cm 左 −0.1cm
足首	右 −0.2cm 左 ±0

結果発表

10days diet♥result

腰まわり、お尻、太ももにもしっかり変化が！

ウエストがグッと細くなって、太もものうしろのお肉が落ちましたね。お尻と太ももの境目もはっきりした感じが見てわかります。同じく前もものお肉も落ちてます。お腹の上部は締まったけど、胸はほとんど変化がなかったです。

脚の間がさらにあき、背中もすっきり

ウエストのクビレが深くなったのがわかりますよね。それに、脚の間のすき間が広くなりました。太ももが2cm以上減ると、こんなにも違うんですね。二の腕や背中のお肉もすっきり。お尻もひとまわり小さくなったみたい。

10日間体重推移グラフ

ダイエットを行なった10日間の体重の変化をグラフにしてみました
最初と最後でぐぐっと落ちたのがよくわかりますね

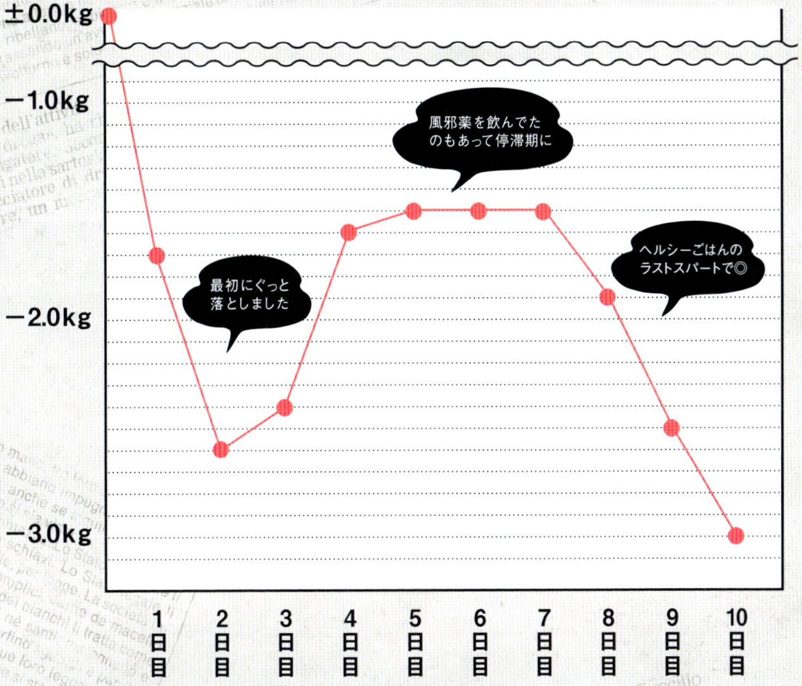

ダイエットを終えて……

仕事での移動が多く、風邪薬を飲んでいたというデメリットもあったけど、10日間で3kgのダイエットに成功しました！ やっぱりなにより目標をもってやれたのがよかったのと、ムリをしなかったから確実に結果が出たんだと思います。最初と最後にがくんとダウンして、これなら3日間でいいのでは!? と思いがちですが、それは違います。停滞期にもダイエットを意識してたからの結果なんですよね。あとはこの体重とサイズをキープしていけばOK！

Yoko Kumada

10日で−3kg 愛されダイエット

朝起きたとき

☐ 着ているものを脱いで、
体重と体脂肪を計っていますか。

☐ メイク前に、
顔とデコルテのマッサージをしていますか。

寝てる間もカロリーを消費するので、朝必ず体重を計ってください。結構落ちていたりするので、ダイエットのやる気も出るはず。メイク前のマッサージは、顔のむくみをとってくれます。目のまわり、頬骨の下、鎖骨のまわりなどを5分～10分くらいかけてマッサージ。見た目も気分もスッキリします。

夜寝る前

☐ 服を脱いで、体重と体脂肪を計っていますか。

☐ 裸の全身を鏡で見ていますか。

☐ ボディークリームを全身にすり込んでいますか。

朝の体重と比較して、今日一日カロリーコントロールができていたかをチェック。数字だけじゃなく、ボディラインの変化を目で見て認識するのもダイエットのやる気につながります。ボディークリームは、胸、ウエスト、脚など、パーツごとに専用のものを使い分けます。すり込むときは、お腹、胸などのお肉を上へ上へと運びます。「上がれ上がれ」と念じながらやると効果大！

いつでも
どこでもできる

ラクラク
“ながら”ストレッチ

駅で電車を待ちながら、家でテレビを見ながら、
何かをしながら、いつでもどこでもできちゃう
お手軽、ラクラクなストレッチです。
たったこれだけでも、続けていれば体に変化が出てきます。
カンタンすぎてビックリ!?

1

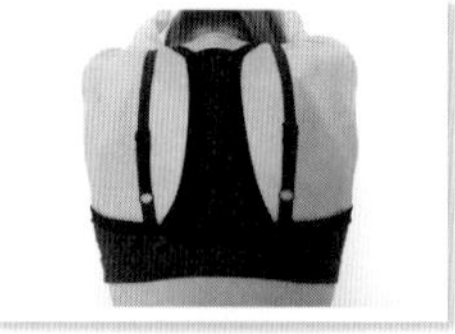

まず、両方の腕を前からひっぱられているかのように思いっきり伸ばして、肩甲骨をめいっぱい広げます。

肩甲骨寄せ

背中って、意識しないとなかなか動かさないもの。背中のお肉って20代半ばからつきやすくなるんです。ブラが食い込んでお肉がはみでちゃうなんてことのないように、肩甲骨を動かしてストレッチしましょう。私はクセになってます。

2

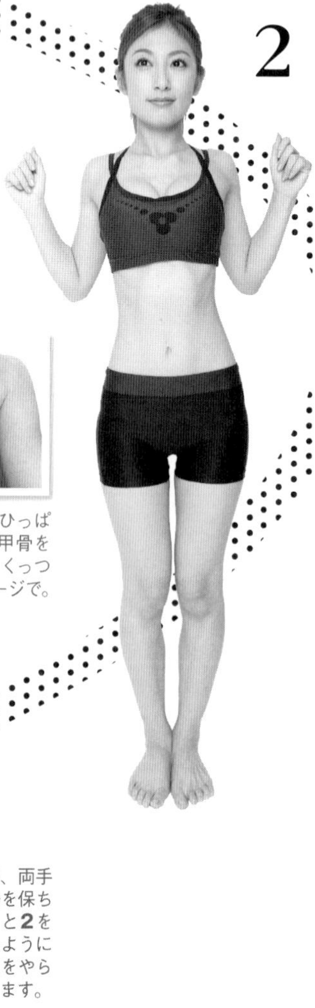

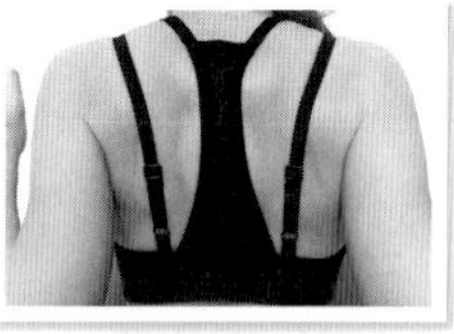

そして、肩をうしろにひっぱられている感じで、肩甲骨をできるだけ閉じます。くっつけちゃうくらいのイメージで。

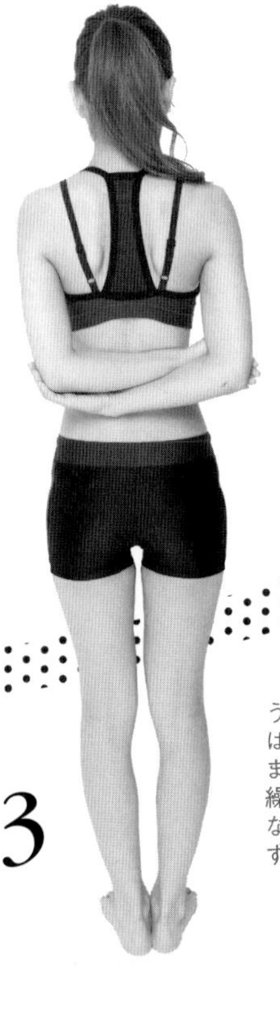

3

うしろでしっかり腕を組んで、両手はひじを持ちます。この姿勢を保ちます。最初は難しくても、**1**と**2**を繰り返していくうちにできるようになるはず。慣れると、**1**、**2**をやらずにスッと組めるようになります。

かかとあげ

これもどこでもできちゃうストレッチです。流しで洗いものをするときだったり、信号待ちのときだったり、いつでもOK。かかとを上下させるだけのカンタンなものですが、太ももの裏、ふくらはぎの引き締めに効果を発揮しますよ。

1

両足をそろえて
立ちます。

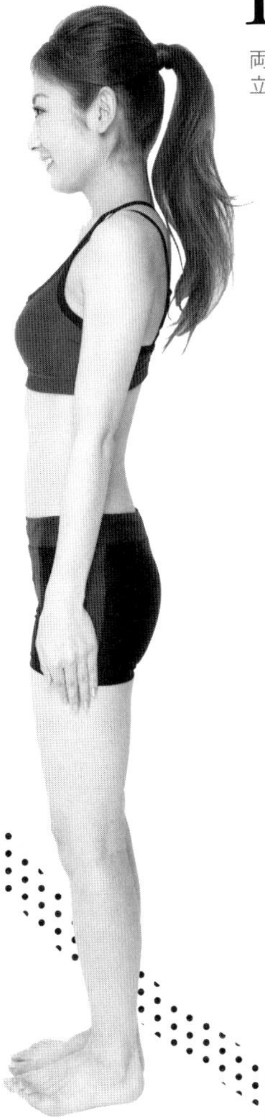

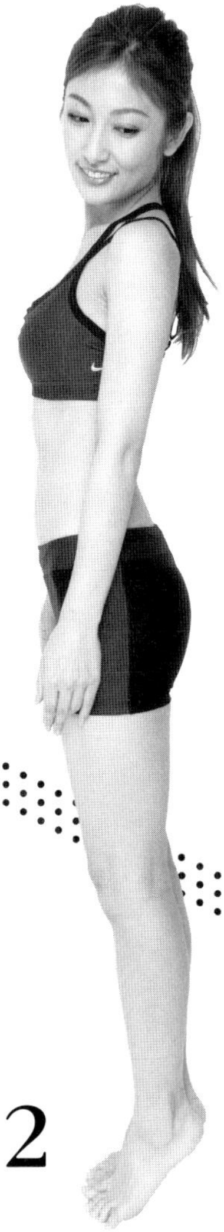

2

そのまま、両足の
かかとを上にあげます。

Point

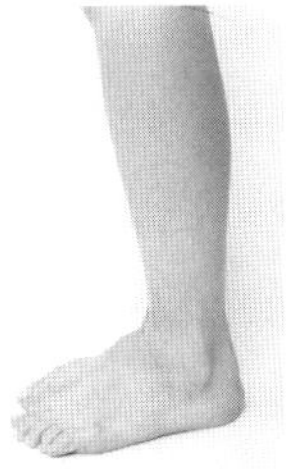

足の裏はぴったり地面
につけて。

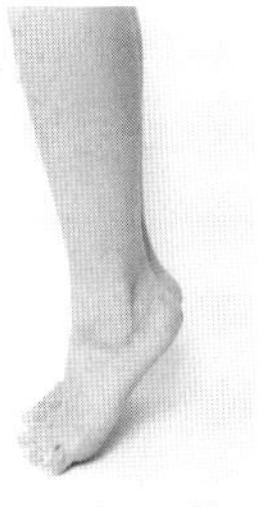

ぐーっと上から引っ
張られるようにかか
とをあげます。

ヒップアップ

年齢とともに体の変化がいちばん表れるところかもしれないのがヒップ。お尻を上にあげて、太ももとの境目がなくならないように助けてくれます。うつぶせに寝てやると腰が痛くなっちゃうけど、これなら大丈夫。

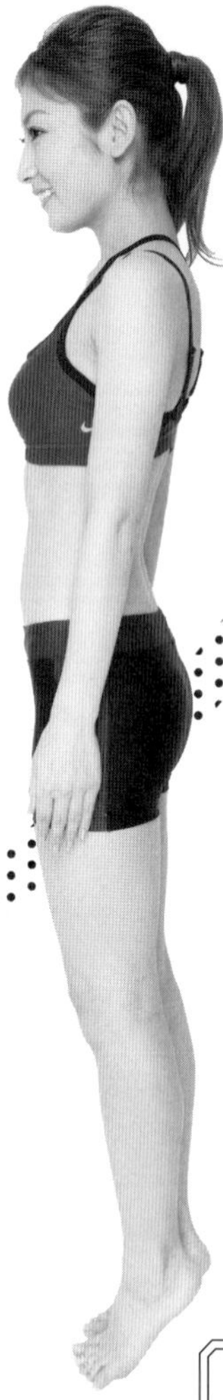

1

両足をそろえて、
つま先立ちします。

2

そのまま、右足をうしろに振り子のようにあげます。左足も同様に。

Point

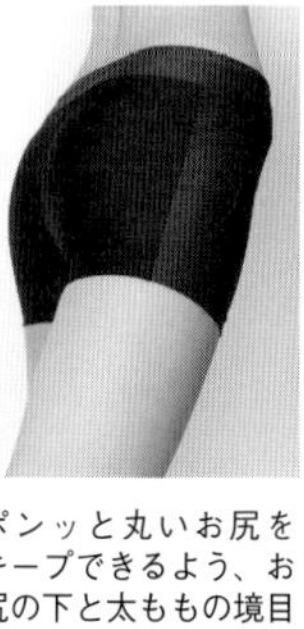

ポンッと丸いお尻をキープできるよう、お尻の下と太ももの境目を意識して動かして。

二の腕もみ出し→バストマッサージ

二の腕のお肉は、放っておくとどんどんたるんできますよね。私は意識してもむようにしています。二の腕のいちばんぷるぷるしているところを、手のひらでつまんで、3分くらいもみ出します。これくらいなら、いつでもできそうでしょ。

1

二の腕のお肉のやわらかい部分を、手のひらでぐっとつかんでもむだけ。

2

さらに、そのもみ出したお肉を脇のほうにもってきて……

3

バストに寄せれば、バストアップマッサージにもなります。

4

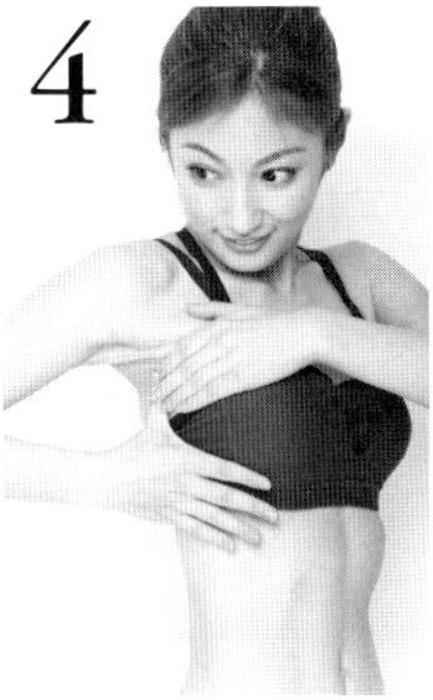

しっかりとバストに持っていきます。二の腕や背中、お腹のお肉だって、全部胸に集めれば一財産(笑)

背筋を伸ばす

もう、なんの努力もせずにできちゃいます。キレイな体を保つために、姿勢は重要なんですよ。常にピンと背筋を張っていられるように、ときどき体を整えましょう。メンテナンスをしてくれるストレッチです。

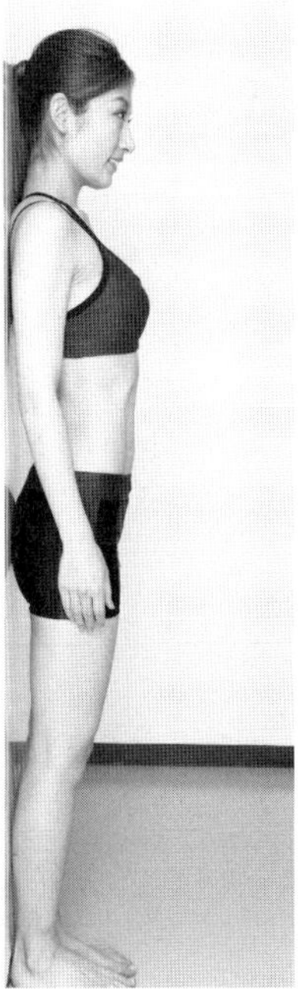

壁を見つけたら、お尻、かかと、頭のうしろを壁にぴたっとくっつけて、背筋をピンとのばします。

愛されダイエットにたどりつくまで。

Yoko's **diet history**

初めてダイエットを意識したのは、高校生の頃だと思います。体が変わっていく時期なんで、ある子はすごく細かったり、ある子は筋肉質だったりと個人差が出てきて、私は太る体質でした。部活で丸々4時間は運動してたし、それに自転車通学で往復20キロこいでたのに、どんどん太っていって。それだけ食べる量がすごかったってことでしょうね。痩せたい！っていうのは常に思ってたけど、まったく行動にはうつしていなかったし。食べたいだけ食べて、痩せたいって言うだけ言って（笑）。

高校を卒業して、上京したのが19歳のとき。まずおどろいたのが、東京の人って地方よりも細い人が多いと思ったんです。それで私も痩せなきゃと思ったり、自分が載った雑誌を初めて見

食べたいだけ食べて、
痩せたいって言うだけでした

たときに、「ふとっ！」って、衝撃を受けたんです。友達と普段撮る写真と違って、雑誌やグラビアはこんなに太って見えるんだ、って。これは痩せないとと本気で思いました。ただ、そのときはなんの知識もないし、どうやって痩せたらいいかもわからなくて、とにかく体重が落ちればいいってことしか考えられなかった。で、やったことは、まったくご飯をつくらずに、スーパーでトマト2コだけ買って、お昼ご飯トマト2コで、夜は、当時ハマってたじゃがりこのみ。それで終わり。それは相当痩せましたね。自分の時間が結構あってとにかく寝てた時期なので、寝られるだけ寝て、お腹へったらトマトつまんで、っていう生活を繰り返してました。不規則というより、人としてダメな生活でした。

そのあと、テレビのお仕事をいただけるようになってきて、またじわじわ太ってきたんです。普通、テレビに出ると痩せるって言うじゃないですか。私の場合、逆だったんです。深夜まで仕事して、次の日、朝からグラビア撮影とかだと、「食べないと体がもたない」ってまわりからも言われて、テレビ局のお弁当も1日に4コぐらい食べたことも。毎食お弁当のときもあって、それがつもりつもってすごく太っちゃったんですね。

そこからまた痩せられない期間が3年ぐらい続きます。なんとか痩せようと思って、リセットダイエットの本を買ったこともあ

お昼はトマト2コで、夜は当時ハマってた“じゃがりこ”のみ、っていうことも

りました。“2週間でー○kg”とか書いてあったんで、これは手っとり早くていいかも、と。でもそれが、糖分はとっちゃダメとか、いろんな禁止事項があって。ある日、番組の収録のときにモニター画面を見てて「ボッケーとしてる子が映ってるなあ」と思ったら、それが自分で。私は糖分をとらないとこんなになっちゃうんだ！と思って10日間でやめました。

そしたら、テレビ番組で寒天ダイエットに挑戦するという企画があったんですね。少しでも食べやすいようにリンゴ酢と混ぜてつくってたんですけど、自分からやろうと思ったことじゃなかったのもあって、まったく落ちなかったです。寒天をつくるたびに台所の流しもつまっちゃうし（笑）。それは2週間くらいしかやらなかったと思います。

その間にエステにも行きました。体重やサイズを計って、エステティシャンの方にいろいろ注意されながら、痛いくらいの力で体中を揉まれて。なのに、3か月くらい通ってもぜんっぜん変わんなくて。あの苦労とお金はなんだったんだろう……。それで、これは人に頼ってた自分がいけなかったと思って、スポーツジムに通うようになりました。1か月間、週に1〜2回、プールで1キロ泳いでました。それでも全然変わらなかった。ちゃんと、泳いだあとはごはんを食べなかったりしたんですけど、ダメでした。

自分でマッサージをやるようになったら、「痩せた」って言われるようになりました

愛されダイエットにたどりつくまで。

そのあと、マッサージが流行ったんです。それで私も雑誌とかで見てやり始めたら、まわりの人たちから「痩せたね」って言われるようになって。で、これは効果あるんじゃないかと思って、毎日続けるようになったんです。やり方はほとんど自己流で、顔を触って気持ちいいところを刺激したり、こりこりしてるところを押し流したりとかしていて。あと、友達が「鎖骨がキレイ」って言ってくれたことがあって、じゃあもっと出していこうと思って、鎖骨のまわりをマッサージしてみたりとか、仕事で移動中に何かできないかなと思って脚のマッサージをしたりとか。そんなふうに、自分で自分の体を確かめながらやれるのがよかったんでしょうね。今では毎日やらないと絶対寝れないほどの習慣です。

まったく痩せてなかった3年間は、体調もよくなくて、毎月のように病院に行ってました。急性胃腸炎もやったし、普通に風邪もひきやすかったし。肌がボロボロになったこともありました。それが、体重が少し落ちてから風邪をひきにくくなって、もしかしたら、痩せると健康にもいいんじゃないかなって思いはじめて。そこから、体にいい食材は何だろうとか、何はどういう栄養があるんだろうとか興味を持つようになって。自然と自炊も多くなりました。

今は、ダイエットを
24時間意識してることはないです

そんなふうにして、結局2年間で8キロくらい痩せました。まわりからも、「どうやって痩せたの？」って聞かれましたね。そういうときはマッサージを勧めます。私の場合、勧められても自分にはムリだと思ったらやらないことが多いので、もしかしたらその人にとってはベストじゃないのかもしれないけど……。逆に、自分に合ったダイエットのやり方を見つけられさえすれば、効果はまちがいなくあります。私が自分の方法を見つけられたのも、いろんな挫折があったからこそ。くじけずにやれたいちばんの理由は、やっぱり、お仕事でプロの方々に囲まれて写真を撮ってもらってるのに、太った姿で撮ってもらうのはイヤだって思ったからかもしれないです。写真を選ぶときに、お腹のお肉が出てるからこれは使えない、なんていうのがすごくイヤで……。

今は、ダイエットを24時間意識してることはないです。ごはんを食べてるときは本当に楽しく食べて、体重を計る前に、このくらいだろうなって予想をたてると、大体当たってたりします。そういうふうに、自分の体のことが把握できるようになったんで、つらさはまったくないです。私にとってダイエットとは、自分を愛し、健康でいること。それはすごく楽しいことと思えるようになりました。

痩せる?を検証! lesson 1

Walking

ウォーキング

「キレイになれそう♡」なことに挑戦して、ダイエット効果をみずから体験。
まずはウォーキングのレッスンと、正しい姿勢や女性らしい動きも教わりました。

仕事でも
プライベートでも
役に立ちそう

instructor
重田由美子先生

「歩くということは、量よりも方法のほうが重要です。歩き方によって筋肉のつき方が変わってきますので、ダイエットにも影響がありますね。忙しいときなど、つい無意識にバタバタと歩いてしまいますが、ちゃんと気をつけて歩くと見た目が全然違いますよ。街で歩いていて、『あの人モデルだな』とか『普通の人となんか違うな』っていうふうに見える人は、歩き方がキレイなんです」

01年、株式会社ICB設立。ウォーキングインストラクター、立ち居振る舞い&マナー講師など、数々の資格を活かしてレッスンを行なっている。http://www.icb-finishing.co.jp

基本の姿勢

立ち姿の基本です。普段から重心を意識して立つようにすれば、常にこの姿勢でいられるようになります

まず、足をそろえてラクに立って、脚の内側に体重を乗せます。

→

ひざの前の筋肉に力を入れて脚を引き上げるように意識するとお尻に力が入ります。

→

そして、アンダーバストまでぐーっと上に向かって引っ張りあげるようにします。

胸を上に引きあげつつ、肩甲骨をくっつけるように肩をうしろに。

→

そのままストンと手をおろします。これが基本の姿勢。この状態で体にクセをつけるようにします。

NG

ふくらはぎの外側に力を入れると、筋肉が張り出してしまいます。筋肉は内側につけることで、脚が細く長く見えるようになりますよ。

♥ Point

骨盤は反るのではなく、前に起こす感じで。ひざは限界まで伸ばして脚同士を引き寄せるように力を入れます。

★ Check

普段はいているくつの底を見て、減り方をチェックしてみると、どっちに体重がかかっているかがわかります。内側がしっかり減るように歩くと、O脚が直ります。

歩き方

基本の姿勢から、美しく足を踏み出し歩く方法。
いろんなことを考えるから頭がこんがらがっちゃう!?

まず、左足を一歩うしろにひいて、右足のつまさきをおへそに合わせます。

一歩踏み出します。足は前ではなく、上にあげるように。太ももをつまんで上にあげられているようにするのがコツ。そのとき、かかとは内側です。

踏み出すときは、足を動かす前にうしろ足で腰を前に出して、着地のときに体重を全部前に乗せるようにします

ひざを伸ばして、内側重心。腰をぐっと前に押し出して、足を運んで一気に前足に乗りかえます。

押して出して一気に乗りかえる、を繰り返します。

NG

ひざが曲がっていたり、腰がかたまったままの歩き方は美しくありません。腰を前後に動かすことによって、脚が長く見えます

座りの姿勢

正しく、美しい座りの姿勢を教わりました

イスにかけるときは、必ず、左側から。左足を一歩前に出して、右足のふくらはぎでイスの外側をノックするように立ちます。

右足からスッと動かし、イスの前に立ちます。

お尻をつき出さないように、軽く座席に乗せます。手をイスの両側にそえて、うしろにスライド。背中は、バッグ1コ分あけます。

ひざを前に出すようなイメージで、姿勢を整えて。手は、左手を上にして、体に近い位置のひざの上でそろえます。

上半身は床から垂直になるようにします。さらに、左の足首を引きさげるような感じで両足を右に流すと、より大人っぽい雰囲気になります。

あいさつの姿勢

女性らしいあいさつの姿勢で、第一印象アップ

基本の姿勢から、左足を一歩引きます。引いたほうの足のつまさきは45度になるように。

手は、手のひらにタマゴを持っているかのように軽く重ねます。そのときは必ず左手を上にします。さらに、指先を上前に出すと華やかな印象に。

コートの扱い方

人前で行なうことが多いコートの扱いはエレガントに。
コートの内側を相手に見せることなく着脱する方法です。

着 方

右腕をそでにとおして、肩に軽くかけます。

→

右手でえりもとを軽く持ちあげたら、素早く左そでも軽くとおします。

→

そのままスルッと肩にかけます。

→

前をしめるまでの動きがスムーズにできたら、とってもスマートに見えます。

脱ぎ方

前を両手でもって、スルッと腕をとおして落とすように。

→

うしろ手でコートをキャッチしたら、裏地が相手に見えないように前へ。

→

コートの肩をサッと合わせます。

→

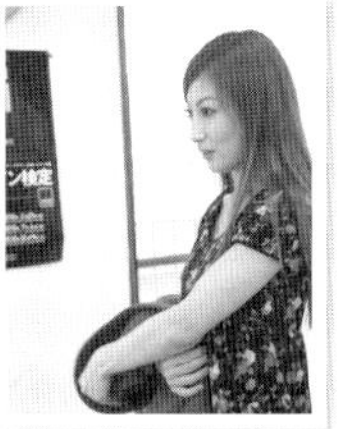

自然な動作で腕にかければOK。

レッスンを終えて……

正しい歩き方や女性らしい動きはこの先ずっと使えるので、身になりました。でもこれを自然にできるようにならないとダメですよね。これから毎日、気をつけていこうと思います。姿勢がいい人って本当にキレイだし、「きっとキチンとした生活をしてるんだろうな」って感じるものがありますよね。私もそういう女性になりたいと思います。

痩せる度

♥♥♥♥♡

正しい姿勢でいつも歩けるようになると自然と痩せる気がするし、スタイルがよくなりそう。姿勢や動きひとつで、こんなにも女性らしく美しく見えるんだっていうことに感動です。品のあるキチンとした女性になれるのはまちがいないです。

登校するとき、出勤するとき

□ 電車の中で、つり革を持たずに立っていますか。

□ 電車を待っている間、
ホームでストレッチをしていますか。

基本的に電車では座りません。座るのと立つのでは消費カロリーが全然違うんですよ。両脚を肩幅くらいに開いて、足の裏を踏ん張って立つのがコツ。ホームで電車を待ってる間はラクラク“ながら”ストレッチ（P49参照）をして、時間を有効に使います。

授業中、仕事中

□ イスの背もたれから、
こぶし2つ分あけて座っていますか。

□ ひざとかかとをくっつけて座っていますか。

□ 机にひじをついて体重を乗せていませんか。

イスに座るときの基本姿勢です。O脚気味の人は、足の親指に力を入れるといいですよ。足を組むのは厳禁！

痩せる？を検証！ part 2

Bellydance
ベリーダンス

ず〜っとやってみたいと思ってたベリーダンスにチャレンジ！
あの柔らかい動きができるようになったら女性らしさに磨きがかかるかも。

念願叶って
初体験。
テンションあがります！

instructor
Yasmeen先生

「ベリーダンスはもともと即興で自分の中から出てくるものを表現するものなので、ほかのダンスにくらべて自由度が高いです。曲線の動きが非常に女性らしく、胸やお尻を振るわせて踊るので、メリハリのある体型にぴったりです。続けてやることで、全身の筋肉の動かし方がわかるようになって、胸とお尻は丸いままくびれをつくる効果がありますよ」

プロベリーダンサー歴３年。2007年、トルコでのダンス留学を経てプロとなる。新体操の動きも取り入れたダイナミックなパフォーマンスが人気。http://yasmeen.blog33.fc2.com/

ストレッチ

もも、脚、ふくらはぎ、肩、二の腕、脇腹と次々と
伸ばしていきます。普段使ってない筋肉から早くも悲鳴が！

カタ～い！

よいしょ

う、ううう

先生、
スゴイ

ム、ムリ
かも……

20分ほどかけて入念にストレッチ。普段使ってない筋肉もあって、これが結構しんどい！ 自分の体のカタさを実感です。最後に、座った姿勢でお尻の筋肉を動かすのに挑戦したけど、まったくできず。先生は、お尻の右と左を交互に動かしてます！「やってるうちに、どこを意識すればどこの筋肉が動く、というのがわかるようになりますよ」って、スゴイ！

痩せる?を検証! part 2

基本の動き

腕、手、腰などの動きです。ベリーダンスでは
「腰が絵で手が額縁」って言うほど、腰と手は重要なんですって

インナーマッスルを締める

足の裏から床に根がはえたように立って、お尻をキュッと締めてつま先立ちします。体の真ん中にグッと力が入るようにして、体の内側の筋肉を意識します。踊るときは、常にインナーマッスルを締めて、ほかの部分は力を抜くそうです。

手首をくねらせる

上にあげた手首をくねくねと回します。カクカクなってしまわないように、やわらかく、曲線の動きで。腕のほうが疲れてきて、二の腕に効いてるカンジ。

腕

肩の力を抜くのが難しい! インナーマッスルだけでほかの筋肉を使わないって、う〜ん……。

肩

肩を小刻みに揺らして、胸をぶるぶるとふるわせます。

胸を前後左右に動かす

ボール、
ボール

キレイ
ですね

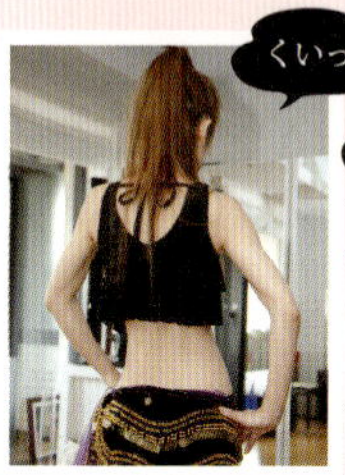
くいっ

くいっ

肩をリラックスさせ、背中をまっすぐにのばして立ちます。前後の動きは、みぞおちにボールを入れたり出したりするイメージで。左右は、アンダーバストの筋肉を使って。この動きは得意かも。先生にもほめられちゃった！

歩きながらヒップアタック

頭は
そのまま

一歩踏み出すごとに、踏み出した足と反対の腰を、軽く横に打ちつけるように振ります。片手は顔の横に軽くそえ、もう片方の手は遠くに伸ばします。

ヒップドロップ

腰をぐいっと引っぱりあげたら、真下に向かってストンとおろします。手はそれぞれ上下に伸ばして、きれいな曲線の形にします。

真剣

ヒップサークル

前→横→うしろ→横、の順に腰を回して大きな円を描きます。体の中心がぶれないように気をつけます。

痩せる!?を検証 part2

音楽に合わせて踊る

最後は、これまでに習った動きを取り入れて、オリエンタルな曲に合わせて踊ります

キンチョーする

→

→

→

→

→

サマになってきた!?

→

→

腰を上下させながら、円を描くようにまわります。そして、手を顔の前から左右にひろげて腕をくねらし、今度は脚を前に大きくキックさせて、着地して大きな円を描いていきます。やっとついていけた感じだけど、すっごく楽しい～！！

レッスンを終えて……

型にハマった動きがないので、自分のレベルで踊れるのがいいですね。体が柔らかくなくてもできます。それに、動きもしなやかでセクシーなので、普段の仕草も女性らしくなれそう。なによりめちゃめちゃ楽しかったです。ぜひ、筋肉をコントロールできるようになって、先生がやっていたように、左右のお尻を上下させてみたい（笑）。

痩せる度

♥♥♥♥♥

これは、キレイな体づくりに本当にいいと思います。この腰の動きは、確実にくびれますね。脇腹がきゅ～とあがるのを感じました。あと、上腕二頭筋や背中の筋肉など、普段使わないところを使うので、断然イイと思います。

さらに
痩せて見える!

「愛され日」のコーディネート

「愛され日」に向けて痩せたボディを、
さらに！ナイス・プロポーションに見せる
ファッションをコーディネートしました。
シチュエーション別に使える裏技もご紹介するので、
今あるお洋服にプラスしてもOK。
特別な日に、ステキになったあなたを
めいっぱいアピールしてね。
彼の心をグッとつかんじゃいましょう!

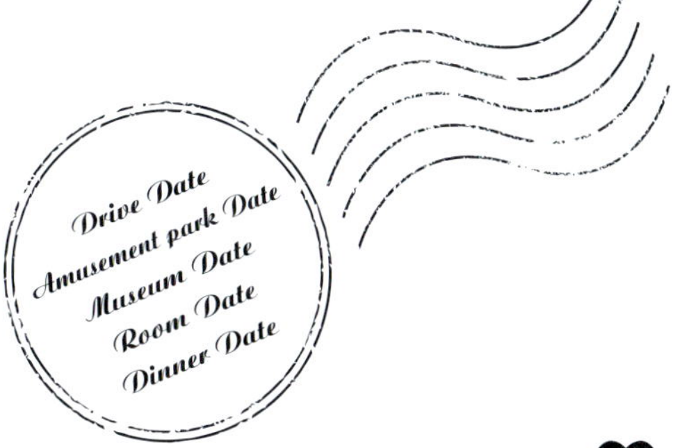

it's a
beautiful day

ドライブデート

Drive Date

久しぶりの休日に彼の車で遠出。
髪を揺らすやさしい風が心も体も解きほぐしていく。
今日はもっと先に進めそうな気分

ドライブデート

ドライブのときは健康的でさわやかなイメージで。車内の会話がはずむように、明るさと笑顔は全開でね！

coordinate 1

Point 1

胸元切り替えワンピ

胸元に切り替えのあるワンピースは脚長効果バツグン。ミニスカートでも思い切ってチャレンジできちゃいます。助手席に座ったときも脚がキレイに見えるよ。

Point 2

明るい色のトップス

胸元に白い色を持ってくると、日の光を反射させるレフ板効果で顔が明るく見えるんです。顔色が青白い人はピンク色を胸元にもってくると、赤みがさして健康的に。

Point 3

巻き髪

風になびくように髪はおろして、はずむように毛先は巻いて、注目ポイントのできあがり！ 揺れる物は相手の気を引くって、心理学的にも言われてるんですって。

Drive Date

Point 4

リップグロス

唇の真ん中上下にグロスを多めに塗ると、立体的でプルンとした唇になります。健康美で見せたいときは、無色か淡い色のグロスだけでも十分。

what a joyful time

遊園地デート

Amusement park Date

無邪気な私も知ってほしくて強引に誘った遊園地。
ジェットコースターを怖がる
彼の新しい一面も見れて、ラッキー！

遊園地デート

ついテンションが上がって子供のようにはしゃいじゃう遊園地。アクティブなファッションが必須だけど、女のコっぽさも忘れずに

coordinate 2

Point 1

デニム

遊園地では動きやすさ重視で。デニムだったら多少の汚れも気にならないので、行動が制限されません。せっかく遊びに来てるのに、服を気にして自由に動けないのは×。

Point 2

インソール

動きやすいペタンコ靴でも脚は長く細く見せたい！ そんなときにはインソールをブーツの中に入れればOK。歩きやすさと脚長効果のバランス的には3.5cmくらいがベスト。

Point 3

キュートなアイメイク

女のコっぽい雰囲気にするには、アイメイクにひと工夫。つけまつげはいつもより下向き気味につけて、アイシャドウを目尻にボカして入れてタレ目に見せると、キュートな目元になるよ。

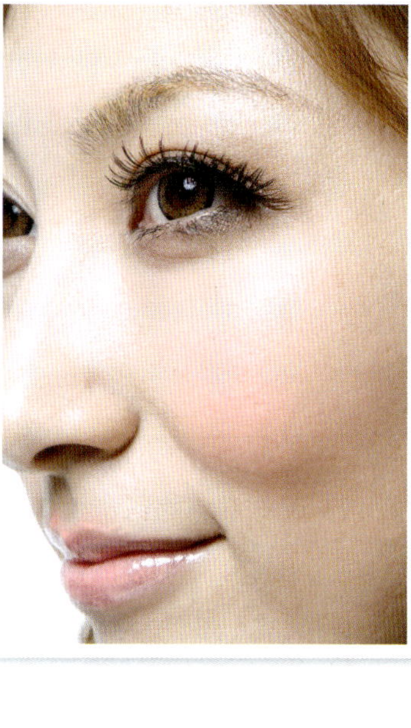

Amusement park Date

Point 4

キュートなチーク

目元と同じくキュートに見せるテクニックとして、チークを頬に丸くのせてみて。色は、やっぱりラブリーなピンク系で、かわいらしさを思いっきり出してね。

彼の趣味につきあって美術館へ。
絵画を見つめる真剣な横顔にドキッ。
アート鑑賞もいいけど
いつもとは違う私も、ちゃんと見てね

美術館デート
Museum Date

full of
art and grace

美術館デート

静かな雰囲気の美術館では、
上品で知的な装いで。地味になりすぎないように、
流行りの要素をプラスして

coordinate
3

Point 1

ボリュームウィッグ

いつもと違う自分を演出したいとき、ウィッグなら簡単にイメチェン可能。流行りのボリュームウィッグなら、大人かわいいが簡単につくれて、小顔にもなれちゃう。

Point 2

淡い色のワンピース

照明が暗めの場所では、まわりと同化して沈んでしまわないように明るい色のお洋服で存在感をアピール。柔らかい素材のものでフェミニンな雰囲気を出すと◎。

Point 3

流行のアイメイク

メイクにも今年の流行を取り入れて。アイメイクはシア系のアイシャドウを目の下に入れて、目元を囲むようにします。知的で印象深い目元に。

Point 4

流行のリップ

今年のトレンド、赤いリップを口角までしっかり乗せます。赤い口紅は肌が白く見えるし、意外に上品に見える効果もあるので、思い切ってトライしてみて。

Point 5

腕まくり

袖をまくり上げて腕の部分にボリュームを出すことで、全身のバランスがグッとよくなって細身に見えるんです。ニットなどの場合は、まくり上げてくしゃっとさせればOK。

Point 6

暗めのストッキング

ベージュのストッキングをはくときは、自分のナチュラルな肌色よりも、2トーンくらい落とした暗めの色をセレクトすると脚が細く見えるよ。着圧のものなら万全。

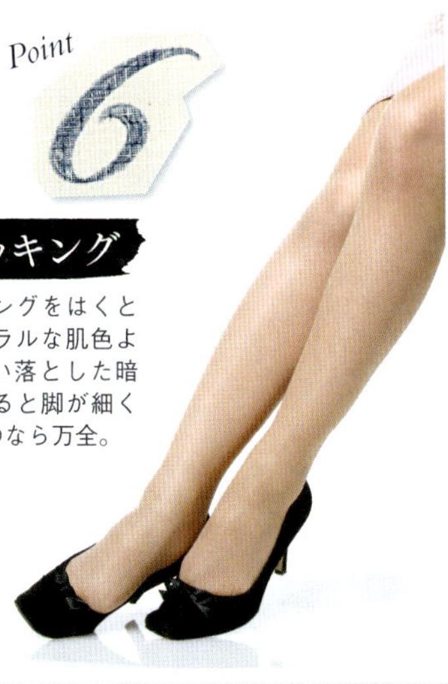

Point 7

ストラップなしのパンプス

高いヒールは脚が細く長く見えるけど、歩きにくいという難点が。そんなときはストラップのない浅目のパンプスをはくだけで脚長効果バツグンだよ。

初めて彼が部屋に来る。お掃除もお料理も
バッチリ、リラックスした私を装ってみたけど、
それでもやっぱりソワソワしちゃう

おうちデート
Room Date

おうちデート

素っぽいけどカワイイ部屋着スタイル
靴がない分、全身のバランスに注意してね

coordinate
4

Point 1

全身のバランス

トップスはザックリ、ボトムはタイトに。上下のボリューム感の差を極端にすると、バランスよく見えるんです。逆に、ボトムをゆったりさせて、トップスをタイトにするのもアリ。

Point 2

無造作ヘア

前髪をくるっとひねって、上で結んでオデコ出し。無造作な感じがリラックスした雰囲気をつくります。それに、上のほうにボリュームを持たすことで、小顔にも見えるよ。

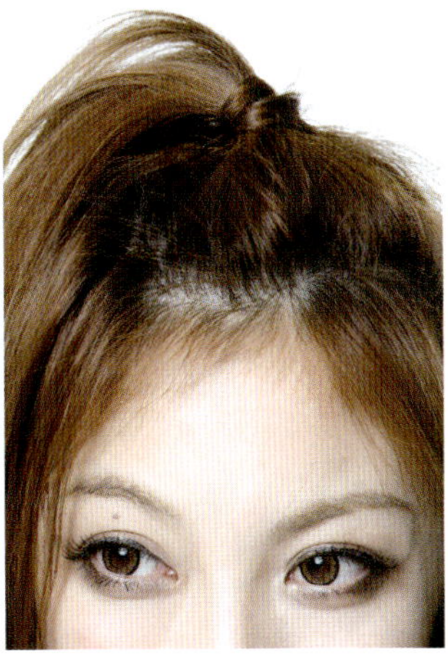

Point 3

ナチュラル・メイク

ナチュラルに見せるには、目のまわりの色を少なくするとOK。すっぴんだと味気がないので、マスカラとアイライン、リップグロスはしっかりON。

Room Date

Point 4

ニーハイソックス

靴をはいてなくても脚長に見えるのがニーハイソックス。ショートパンツと合わせればあぐらをかいても下品にならないし。"絶対領域"で魅了しちゃう!?

……in the
moonlight

ディナーデート

Dinner Date

あらたまって誘われた今夜のディナー。
めいっぱいのオシャレで緊張を隠す私。
胸の高鳴りが告げているのは
特別な夜になるかもしれない予感

ディナーデート

豪華なディナーには、お店の雰囲気に負けないように
セクシーなミニドレスでワンランクアップ

coordinate
5

Point 1

肩だしトップス

大胆に肩を出すと、華奢に見えるんですよ。お手入れした鎖骨もしっかりアピール。鎖骨からフェロモンを発するって説もあるんだって！

Point 2

リボンでウエストマーク

太めのリボンでしっかりウエストマークしてメリハリボディに。シャイニーな素材なら、セクシーで女性らしい魅力を高め、ゴージャス感もあります。

Dinner Date

Point 3

タイトヘア

タイトにまとめた髪で、うなじも見せつつ、大人っぽい印象に。くるくるとねじって上でとめただけの簡単アップスタイル。トップを高くするのがポイント。

Point 4

揺れるイヤリング

これも、揺れる物で注目を集める作戦(笑)。彼の心も揺らしちゃいます!?

シェイディング

あごの部分に、肌色より1～2トーンくらい落とした色のファンデーションを入れてシェイディングします。正面から見つめられてもしっかり小顔に。

Point 5

Point 6

目ヂカラアイメイク

目頭までしっかりとアイラインを引いて、目のまわりをブラックで囲んじゃいます。そうすると目が大きく見えて、目ヂカラもUP

coordinate
extra

time of
my own

「愛する日」のコーディネート

ひとりお部屋でのんびりまったり。そんなときは自分自身のボディをいたわってあげましょう。自分を「愛する日」の私のコーディネートはコレ！

Point 1 厚手の部屋着

誰にも見られないからと言って、だらだらした格好じゃキレイになりたい気持ちがなえちゃうよね。私のお気に入りはtoccoの厚手の部屋着。デザインもかわいいけど、保温効果抜群で、寒がりの私を温めてくれます。それに、ストレッチ素材なのでガンガン洗ってもくたびれない優れもの！

Point 2 寝ながらメディキュット

段階圧力設計で、はいているとふくらはぎがキュッとしまります。そのまま寝てもOKで、朝起きたときにはむくみもスッキリ。私のはひざ上まであるロングタイプですが、ひざ下までのショートタイプもあり。

Point 3 ニットのルームシューズ

足先の温めは大事。ルームシューズをニットにすれば、ぬくぬく快適。

Point 4 マシュマロパーカー

温かくて、肌触りもよくて、めっちゃカワイイTRALALAのパーカー。しかも熊田のクマです♡　好きなものを着てるだけで、女のコってゴキゲンになれるんだよね

デートの日の最終アイテム

coordinate
extra

痩せてキレイになった体を当日さらにキュッとしたいなら
補正下着を活用する手も。私が、ボディプロフェッサーのMISAさんと
共同開発した「SURUTTO」シリーズなら、
締めつけ感なくボディメイクが可能！ ちょっとだけ
間に合わなかった人のお助けアイテムとしても効果あります。

スルッとサポーター

ウエストの両サイドの引き締めはもちろん、補強糸で強弱をつけてM字に編んだパネルが、ぽっこりお腹を抑えてくれます。背中は、さがり気味なお肉をV字編みのパネルで引き上げます。バストも、下からあげて脇から寄せる効果で立体的に見せることができる仕組みなんです。

how to **wear**

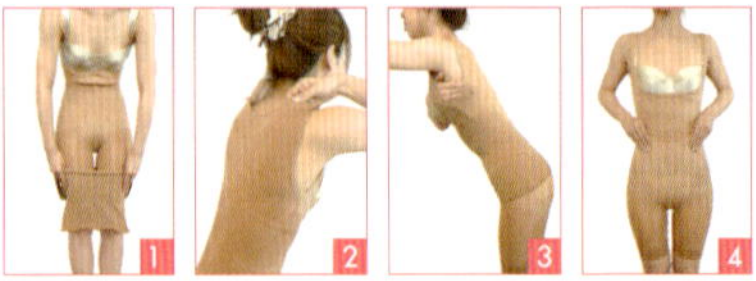

1 左右の生地をしっかり持って、足下から上に引き上げていきます。アンダーバストの位置でストップ。
2 45度くらい前かがみになり、両肩にかけたショルダー部分を持って、背中全体を上に引きあげます。
3 まっすぐになって裾をひっぱり下ろしたら、また前かがみになって、脇のお肉をバストの中心に集めます。
4 最後に、前後の裾をしっかりさげて整えます。裾は、必ずガードルの中に入れます。

Support Wear

スルッとガードル

お腹はM字パネルで引き締め、お尻は、お肉を真ん中に寄せてサポートしてくれるので、丸いヒップをつくってくれます。太ももは、外側と内側からシェイプアップするつくりなので、シルエットもスッキリ。幅広ウエストでソケイ部の圧力も緩いので、締めつけ感がなく快適です。

how to **wear**

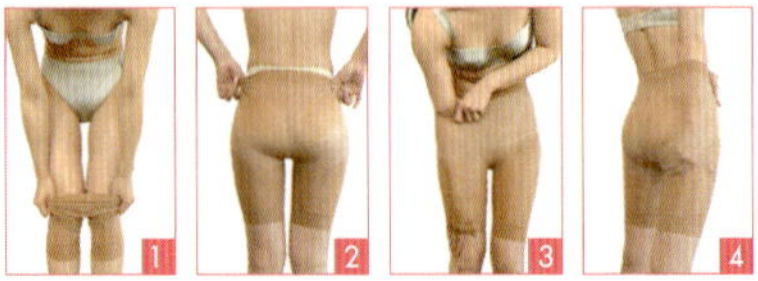

1 両足をとおしてひざまで持ちあげたら、束のまま太ももまで引きあげ、束を開くようにウエストまであげます。
2 ヒップアップパネルが、ヒップの下の位置に合っているのを確かめたら、裾をひざあたりまで引きさげます。
3 前からガードルの中に手を入れ、太もものお肉を手のひらですくって、上へと持ちあげます。
4 片足を1歩うしろにさげ、お尻の下のお肉を押すように上へあげて中心に寄せます。もう片方も同様に。

商品お問い合わせ先　発売元　株式会社 MISA
0120-351-940 www.misa-bp.com

くつろいでるとき

- □ 本や雑誌は、ひじに体重をかけずに読んでますか。
- □ テレビを見るとき、ゴロ寝をしていませんか。

ここでもイスに座るときの基本姿勢を守りましょう。床に座るときは、横座りの左右を変えたりするなどして、ひとつの姿勢のままずっと固まらないように気をつけて。

家事をしているとき

- □ ふき掃除をするときの二の腕など、使っている筋肉を 意識していますか。
- □ 流しの前ではかかとあげをしていますか。

洗濯物を干したり掃除したり、動かしている体の部分を意識しながらやるだけでシェイプアップできて、楽しさも倍増。そのなかでも料理は、安上がりで、自分でカロリーコントロールでき、調理中にあれこれ体を動かせて、いいことだらけなんです。お皿を洗ってるときなどはかかとあげ（P50）がいいですよ。

食事のとき

- □ イスの背もたれから、
  こぶし2つ分あけて座っていますか。
- □ ひざとかかとをくっつけて座っていますか。
- □ テーブルにひじをついて体重を乗せていませんか。
- □ 一口を30回噛んでから飲み込んでいますか。
- □ “ながら”食べをせず、
  ちゃんと食事に集中していますか。

イスに座るときの基本姿勢をしっかり守ること。食べ物は、よく噛むと消化にいいのはもちろんのこと、脳の満腹中枢が刺激されて満足感が得られるので食べ過ぎを防ぐことができます。それから、テレビを見ながらとか本を読みながらとか、“ながら”食べはNG。食べ物を目で見ながら、何を食べているかを意識して食べると満足感が持てるし、「おいしい！」という幸せ感を十分味わうことも大切なんです。

一緒に
キレイになろう!

あなたのダイエットの悩みに答えます

「どうして痩せないの?」
「こんなにつらいなんて……」と
ダイエットに悩みはつきもの。
誰でもが（もちろん私も！）一度は感じたり、
経験したことのある
ダイエットの悩みに、答えます!!

Q 夜中にお腹がすいてお菓子をつまんでしまいます。気がつくと結構な量になっていたり……。

A わかります！　なので、私はファミリーパックを絶対買わないことにしています。食べたいときは、小分けサイズのものを買うようにしています。あるいは、一回お皿に食べる分だけ乗せる。残りのお菓子は封をしてしまっておく。そうすれば、どのくらい食べたっていうのも目に見えてしっかりわかるからいいですよ。うちのおかあさんが、**今食べるとすぐお肉に変わるけど、明日食べたら全部なくなってくれる**って言うんですよ。時間が違うだけで全然消化が違うんだよって。多分、一週間やめてみると、夜中に食べないほうが体がラクって、胃がわかってくると思いますよ。

Q 生活が不規則で食事時間のコントロールがむずかしいです。

A むずかしいですよね。私もいつも思ってます。テレビの収録が夜中終わって、いっぱいしゃべったからお腹減ったけど、どうしよう！？　っていうことも。そういうときは、１日か、３日間か、一週間か、自分の生活に合わせた期間を決めて、最終日に±０にすればいいと思います。自分の生活のなかで、**がんばれそうなときはがんばって、食べるときは食べて、**ってね。ただ、期間が長くなればなるほどコントロールがむずかしいので、理想は3日間くらいだと思います。私の場合は、１日３食べると胃を活発にしちゃって、トータルで考えるとたくさん食べてしまうんです。なので、朝は胃を休める時間と決めて、夜にいちばん多く食べます。私にはこれが合ってるんですよね。ひとりひとり体がちがうように、**万人に合うダイエット方法はない**と思います。

Q **生理前に食欲が旺盛になります。特に甘いもの、ケーキとかチョコレートとかをたくさん食べてしまいます。**

A これは**健康な証拠**なので全然いいと思います。私は生理を味方につけて、生理前は痩せなかったり、生理中もなかなか体重が落ちなかったりする分、ちょっといつもより食べてもいいってことにしてます。私が学んだところによると、生理中は400kcal多く摂取してもいいみたい。逆に、生理が終わったあとが痩せるチャンスなので、体重を戻したりとか、ちょっと減らしたりします。体調の変化をうまく利用するといいですよ。

Q **今までいろんなダイエットに挑戦するも、2か月くらいでリバウンドしてしまいます。**

A せっかく2か月がんばったのに、もったいない！　きっと痩せにくい体になっちゃってるってことですもんね。でも**自分に合うものを探していったら、いつか痩せる**と思います。私もいろんなダイエットをやったけど、どれも結局合わなくて。その原因はストレスだと思います。何かをがまんしてたりしませんか？　つらくなる前に、**自分の性格をきちんと知る**といいと思います。誰かと一緒に競うほうががんばれる人もいれば、ひとりでこつ

こつ内緒でやったほうが「キレイになったね」って言われたときにすごいくうれしかったりする人もいるので、あなたに合った方法がきっとあると思います。それさえ見つかればきっとうまくいきます。

Q ダイエットのための
オススメの食材を教えてください。

A **マメ系**はすごくオススメです。お豆腐とか豆乳とか、イソフラボンが入ってるし、いろんな料理に使いやすいですね。あと、かさ増しするときとか、おかずにもう一品とかいうときにもすごい役立ちます。私の場合は、**もめん豆腐より絹ごしのほうがカロリーが2/3**ぐらいなので、豆腐ステーキも絹ごしを使ってますね。あと、味が濃いものもちょっとで満足感があるのでいいかもしれないですね。するめや梅干しもオススメです。

Q 痩せてから、また太るんじゃないかと食べることが
怖くなり、楽しめなくなってしまった気がします。

A これは結構重症ですね。せっかくの楽しみなのに、すごく悲しいですよね。**「これ食べたら太る」って思いながら食べると吸収率が高い**って聞いたので、楽しく食べたほうが絶対いいと思います。食べたらもちろん、お肉になりますけど、食べないで痩せると醜くなると思うので、私は食べちゃいます(笑)。逆に私は、**昨日ガマンしたから今日は食べられる**っていうのがうれしい。それか、食べる前にその食品の栄養素を勉強してみるといいかもしれないですね。絶対、肌とか内蔵とか、体のどこかにいいものを含んでるので、それを摂取してると思うと、怖いと思うことがなくなると思います。チョコレートもそうなんですよね。血糖値上げるためとか言って１コでいいのにいっぱい食べちゃったり（笑）。女性って、言い訳があると安心して食べられるんですよ。

Q お通じを良くするにはどんな方法がありますか？

A 私の場合は、奄美大島のうこんきびすを飲むと効きます。あとは、水をたくさん飲むといいと思います。私は**とにかくよく水分をとります**ね。毎日ヤカンでお茶を沸かして常温で置いておき、１日で飲み切るので、家だけでも1.5ℓは飲んでます。夜中、起きて飲むこともあるので、枕元に置いておくほどです。あと、マッサージも、もちろんイイですよ。でも毎日出なくてもお腹が痛くならなければいいみたい。自分のペースでいいと思います。

Q ダイエットしよう、と思いながらもつい自分に甘くなって食事の量を気にしなくなります。

A たしかに、わかります。その場合は、**目標とするものがはっきりわかってるとがんばれます**よ。私は20歳くらいのとき佐藤江梨子さんのようなスタイルになりたくて、写真集のページを全部切って、壁にばーっと貼ってました。あとは、冷蔵庫のところにキレイなグラビアを貼ったりとか、昔痩せてたときの写真を目のつくところに貼ったりとか。そういうハッと気づかせてくれるものを日常生活のなかに置いておくといいと思いますね。または、ちょっとキツめのお洋服を買っちゃって、それを飾っておくのもいいですね。お腹って、いっぱい食べても、腹八分目でも、また減るじゃないですか。**どうせまた食べるんなら、八分目にしといたほうがいい**っていう考え方もありますよ。

Q ぐんと痩せることができたいちばんの理由はなんですか?

A やっぱり、**ムリしてダイエットしなかったこと**ですね。すごく楽しく、苦痛なことがひとつもなくて、逆にこんなちょっとのことで**「痩せたね」と言われるのがうれしかった**んで、まったく大変じゃなかったです。**痩せたほうが得なことが多い**です。ショッピングとか、女性としての楽しさが増えます。あと、単純に階段とかラクチンです(笑)。女性にとって、ダイエットって一生ついてまわることだと思うんです。目標体重に達しても、それをキープするダイエットは必要だし。**どうせやるんだったら楽しく**やったほうがいいですよね。

Q ダイエットへの第一歩、まず何から始めたらいいでしょうか?

A まずは目標ですね。目標体重でもいいですし、どういう体になりたいとか、あれが着れるようになりたいとか、なんでもいいので、**わかりやすい目標があったほうががんばれる**と思います。目標によってダイエットをする期間も変わってきますよね。私、よくやるんですけど、がんばったらこうなるっていうのをばーっと箇条書きにするんです。そうするとイメージしやすいんですよね、**痩せたら自分がこうなる**っていうのが。そうすると全部いいことだから、絶対やったほうがいいって確信できたりするし。**自分が変わんなきゃ何も変えられない**って思うんです。

Q **ストレスがたまって食べてしまいます。おすすめの気分転換の方法は？**

A わかります。行き詰ってますね。**そういうときって、超自己嫌悪**なんですよね。ああ、食べちゃったーって。私の場合は、電話がストレス解消法です。友達に電話してバーッとしゃべるとスッキリしちゃいます。どうしても食べたかったら、たとえば次の日曜日にバイキングに行くとか、先の予定を決めておくといいかもしれないですね。これから**一生食べられないってことはない**ので、食べられるときを楽しみにしてがんばるといいですよ。

Q **キレイな人やスタイルの良い人を見ると落ち込みます。**

A **キレイな人やスタイルのいい人から何かを盗む**ほうがいいと思います。私も、「ああなりたいな」とか「なんで私こうなんだろ」とか思ったこともあるんですけど、どんなに思っ

ても生まれ変われないんで、自分をよく見せる方法とかを考えたほうが前向きですよね。**落ち込んでたら、絶対かわいくなくなっちゃう**し。キレイな人は、どうしてキレイなんだろう？　と思って見てると、口角があがってたりするんですよ。そういうのはすぐマネできることですね。ほかにも、ちゃんと脚をそろえてるとか、何かしらキレイに見える理由があるので、盗んじゃいましょう。

Q インドア派で運動が苦手です。

A 特に問題ないと思います。痩せられると思いますよ。たとえば、洗濯ものを干したりとか、部屋の掃除とか、インドアでも**カロリーを消費できることはいっぱいある**と思うので、運動しなきゃ、と思わないで、できることで体を動かすといいと思います。二の腕とか肩、肩甲骨などを使って、家をピカピカにしてみて。そのときに**動かしてる体の部分を意識する**だけで全然違うと思います。

Q ダイエット食なら たくさん食べてもいいですか。

A いや、ダメだと思います（笑）。たくさん食べてもいいダイエット食があったらいいですけどね。私は１回もダイエット食を使ったことはないんです。私はまだ、**ダイエット食に頼る前に、自分ががんばってない**と思うから。栄養素も、サプリメントには頼らないです。鉄分をとろうと思ったら、鉄分の入ってる食材をまずとろうと思いますね。

Q 胸を残して痩せるために気をつけることは？

A 夜用のブラジャーをつけたり、胸専用のクリームで毎日マッサージしたり、ですね。あと正しいブラジャーの付け方をして、ちゃんと**背中のお肉も胸にくるように**すれば、そんなに胸がげっそりしちゃうことはないと思います。胸はなるべく揺らさずに。あとは、ちゃんとケアをしていれば大丈夫！

Q カロリーをおさえられる調理方法を教えてください。

A 私も勉強中なんです。今は、なるべくお魚は魚焼き器で脂を落として焼いたりとか、フライパンにたまった油はちゃんとペーパーでふき取るとかをしてます。食べるときに気をつけているのは、例えば、ドレッシングを使うときはサラダに直接かけるんじゃなくて、ドレッシングを小鉢に入れてから、そこにサラダをつけて食べるようにします。そのほうが舌の上に直接ドレッシングがくるので、味がはっきりわかってかけすぎないんですよね。おしょうゆも、お寿司を食べるときはネタにつけて、そのまま舌に乗せたほうがちゃんとネタの味がわかりますよね。そういうふうに、**食べ物の味を舌で感じるようにする**と、少しの量でも満足感がありますよ。

Q **ダイエットにくじけそうになったときはどうすればいいですか？**

A 目標をはっきり持つというのもそうですし、あと、まわりの**ほめ上手な人にほめてもらう**といいと思います。「よくがんばったね、すごいね」とか言ってもらえると、もっとがんばろうって思えるし、**「痩せたね」って言われるとすごくうれしい**し。そうすると、これからもちゃんとしようって思えるんです。友達でも彼氏でも親でも誰でもいいので、がんばってる姿を見せてほめてもらって！

Q **丸顔のせいか、痩せても気づいてもらえません。**

A かわいい〜！ ボディーラインをあんまり見せない洋服を着てるから気づいてもらえないんじゃないかな。これは、**ファッションを変えてみる**といいと思います。ちょっと体のラインが見える洋服にしたら、きっと気づいてくれますよ。

Q **熱い飲み物が苦手で、冬でも冷たいものばかり飲んでいます。**

A **体を冷やすと代謝が悪くなります**。それに、冷たいものを口の中に入れると舌の感覚が麻痺しちゃうので、甘味を感じなくなるんですよ。せめて常温でトライしてみて。

Q オンナらしい体になるために、
まずどこからシェイプアップしていったらいいですか？

A 動物的なセックスアピールでいうと、**やっぱり胸**はおサルさんでいう赤いお尻で、女性であることを証明しているものですよね。あと、**ウエストがキュッ**としまってるのも、誰の子も妊娠してませんよっていうアピールだって聞いたことがあって。そういうのを自然と本能で男性は感じ取ってるって。なので、**お腹の肉を胸にあげる**のがいちばん女性らしい体になると思います。**脇にあるとニクらしいけど、胸にあるとありがたい**（笑）。キュッとあげちゃえばいいんです。ただ落とすだけなんて、もったいないです。

Q ダイエットとはなんでしょうか。

A **女性でいる限り、ずっと伴うもの**。ライフワークですね。それに、自分自身による自分自身のためのケアでもあります。現実逃避せずにちゃんと向き合って、**自分自身を見つめ直すこと**です。

「愛されダイエット」の裏側

証言1 ── スタイリスト 牧野香子

「10日間ダイエットを実践中に、途中『痩せないの〜』と言っていたけど、必ずちゃんとやってくるだろうなと思っていました。何よりもすごいと思うのは、あんなに食べることが大好きなのに、ダイエットの苦労がまったく見えないところ。とても意志が強くて、責任感も強い人なんだろうと思います」

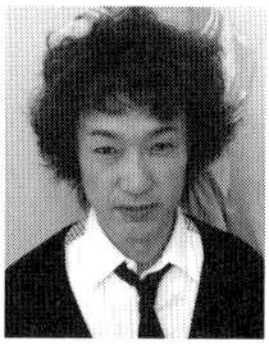

証言2 ── ヘアメイク 双木昭夫

「そんなに『ダイエットがんばってるなあ』っていうふうに見えなかったですね。おたがいダイエットしてるときに一緒にごはん食べたんですけど、全部たいらげてましたし。ガマンしている感じがまったくなかったです。なのに、本当にフィギュアみたいな体になりましたよね。ちなみに自分はリバウンド中です(笑)」

証言3 ── ヘアメイク 萱原リサ

「ようちゃんはいつも元気で明るくてやさしい人です。でも仕事に関しては、美意識も高く、いろんな新しいことに挑戦して守りに入らないですね。それに、常にマイ水筒でお茶を持ってきたり、飲み物も氷を抜いたり、体を冷やさないように気をつかってます。そういうところも、さすがプロだなと思いますね」

証言4 ── マネージャー 石塚栄子

「次の日にたくさん食べるというときはなんとなくセーブしてるなとか、お菓子をいつもよりは減らしてるな、というのはわかりましたけど、ムリしてガマンしているふうではありませんでした。『今日はこれだけ!』と決めたら、本当にそれだけにするというのがすごいです。とても自立した女性だと思います」

証言5 ── カメラマン 森崎恵美子

「熊田さんの肉体は、女性の目から見て『うらやましい』のひとことですね。筋肉もちゃんとあって健康的だし、すばらしいです。熊田さん自身はやわらかい物腰の明るい方で、表情に性格が表れてますよね。こちらが厳しいポーズを要求しても笑顔で耐えてくれて、そのプロ意識もすばらしいと思いました」

証言6 ── カメラマン 藤本和典

「ウエストも締まってて、セクシーで、男の目から見ても魅力的な体だと思います。あんなに細くてもう痩せる場所はないだろうと思うのに、さらに痩せたというのは意志が強いんだろうなと思います。でも普段は気さくで現場を明るくしてくれる気づかいの人なので、今回もとてもやりやすくて楽しかったです」

証言7 ── 編集 額田 厚

「熊田さんは、意外にも庶民的な人だった。我々と同じように、電車移動だってするし、倹約家だし、しっかりと地に足をつけて生きている。芸能人のダイエット本というとお金にモノを言わせているものが多いなか、普通の感覚だからこそ、みなさんも共感できる部分が多いのではないでしょうか」

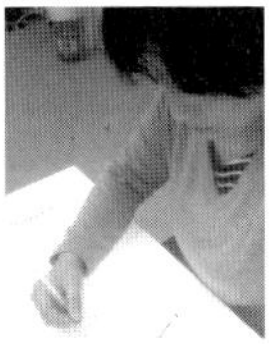

証言8 ── 編集 米本弘美

「『3kg減ると見た目でわかるよね』というところから始まったこの企画。熊田さんのほうから『では痩せますか』と言ってくれたときは、心のなかでガッツポーズしました。ダイエットとは、“あれダメこれダメ”ってものだと思っていた私は目からウロコの連続。熊田さんらしい、愛にあふれたダイエット本になりました」

読者の皆さんへ

この本を最後まで見てくれて、
ありがとうございます。

こうやってダイエットができたのも、
本が出せたのも、皆さんのおかげです。

ほんの少しの体の変化に気づいて褒めてくれる
あったかい周りの方々がいたから頑張れたし、
本を見てくれる皆さんがいるから、
ちゃんとやらなきゃって、
前に進む事ができました。

街で「ダイエット本見ました」って
声をかけられると、すごく嬉しいし、
維持しなきゃって気合いも入ります。

ダイエットって体の変化もそうだけど、メンタルな部分が とっても 重要だと思います。
その心の部分を、みんなが 支えてくれました。
絶対、私1人じゃ できなかった事です。
本当にありがとうございます。

皆さんがしてくれたように、私もキレイになりたいって思っている女性の力になりたいです。
この本を 手に取ってくれた、あなたの心の支えに少しでも なれたら 嬉しいです。

熊田曜子

photography	Emiko Morizaki
	Kazunori Fujimoto
styling	Koko Makino
hair and make-up	Akio Namiki（Kurara System）
	Risa Kayahara（Sugar）
art design	Misato Kakinuma
illustration	Kana Niiyama
edit	Atsushi Nukada（Kosaido Akatsuki）
	Hiromi Yonemoto（Scroll）
management	Yukio Furukawa（artist house PYRAMID）
	Eiko Ishizuka（artist house PYRAMID）
executive producer	Yukio Moriyama（artist house PYRAMID）
wardrobe	チャコット
	MERCURYDUO
	W♥C
	tocco
	TRALALA

10日で−3kg　愛されダイエット

2010年2月20日　第1版第1刷
2010年5月25日　第1版第5刷

著　者	熊田曜子
発行者	矢次 敏
発行所	廣済堂あかつき株式会社
	〒105-0014　東京都港区芝3-4-13 幸和芝園ビル
	電話　編集 03-3769-9205
	販売 03-3769-9209
	FAX　販売 03-3769-9229
	振替　00180-0-164137
	URL　http://www.kosaidoakatsuki.jp
印刷所・製本所	株式会社 廣済堂

ISBN978-4-331-51440-5